GABRIEL FAURÉ

ELÉGIE
Opus 24

SICILIENNE
Opus 78

for Violoncello and Piano / für Violoncello und Klavier

Edited by / Herausgegeben von

Roy Howat

ALLE RECHTE VORBEHALTEN · ALL RIGHTS RESERVED

EDITION PETERS
LEIPZIG · LONDON · NEW YORK

PREFACE

Fauré composed the *Elégie* in 1880, possibly as part of a sonata that was never completed.[1] The public première was given in Paris by its dedicatee, Jules Loëb, accompanied by Fauré, on 15 December 1883, at a concert of the Société Nationale de Musique. Its success was such that in 1895, at the request of the conductor Edouard Colonne, Fauré orchestrated the piece.[2] This version was first performed in Paris at the Société Nationale de Musique on 26 April 1901, with Pablo Casals as soloist and the composer conducting.

The *Sicilienne* exists in several versions. Composed in 1893 as part of incidental music for a production of Molière's *Le Bourgeois gentilhomme*, it remained unheard in this form as the theatre went bankrupt. In April 1898 Fauré incorporated it into his incidental music for Maeterlinck's *Pelléas et Mélisande*, as an introduction to the fountain scene where Mélisande loses her ring. At the same time he made the present transcription for the cellist Joseph Hollmann, although it is dedicated to the English cellist William Henry Squire. This was published in both Paris and London with an alternative part for violin, which is probably not by Fauré.

Cellists may note in both pieces how carefully Fauré indicates phrasing in terms of bowing, an aspect previously obscured by the inaccuracy of the original editions. His phrasing in the *Sicilienne* especially accentuates its dance-like character. Pianists in turn may note that the bass grace notes in bars 44–60 of the *Sicilienne* were added only when the piece was published, probably to provide bass support in the violin version. They could therefore feasibly be omitted from the cello version, though results may vary with different instruments and acoustics.

Editorial Method

The present editions are based on Fauré's versions for cello and piano, with only essential corrections taken from other versions. Variants from these other versions are listed only if adopted in the text, or in cases of doubt or special interest. Some indications in the orchestral score of *Elégie*, for example, although not directly transferable to the piano part, give worthwhile performing insights: see in particular the Critical Commentary to bars 34–36. The orchestral autograph also helps resolve some haphazard printing of hairpin dynamics in the first editions. Square brackets are used to distinguish editorial accidentals, rests, dynamics, articulation and *simile* markings. Editorial slurs and ties are shown thus: ⌢. Precautionary accidentals from the sources have also been applied in parallel passages. The beaming has occasionally been modified, for the sake of clarity, according to modern convention: in particular, 𝄾♪♪♪♪♪♪ and ♪♪♪♪♪♪ in the sources of the *Elégie* are rendered here as 𝄾♪♪♪♪♪♪ and ♪♪♪♪♪♪ respectively.

Acknowledgments

Thanks are expressed to Jean-Michel Nectoux, Professor Robert Orledge, J. Rigbie Turner, Hugh Cobbe, Tina Jones of Peters Edition, and the music staff of the Bibliothèque Nationale, Paris and the British Library, London for their friendly help.

Roy Howat
1994

---

[1] See Jean-Michel Nectoux: *Gabriel Fauré: les voix du clair-obscur* (Paris, 1990); Eng. trans. R. Nichols: *Gabriel Fauré: a musical life* (Cambridge, 1991), 88, and preface to Eulenburg orchestral score of *Elégie*, ed. Robert Orledge (London, 1981).

[2] See Nectoux: *op. cit.*, 512.

PRÉFACE

Fauré composa l'*Elégie* en 1880, probablement comme mouvement d'une sonate qui n'a jamais été achevée[1]. La première publique en fut donnée à Paris, le 15 decembre 1883, à la Société nationale de musique; l'œuvre était executée par Jules Loëb, à qui elle était dédiée, et que Fauré accompagnait. Le succès fut tel que, à la demande du chef d'orchestre Edouard Colonne, Fauré orchestra la pièce en 1895[2]. Cette version fut jouée pour la première fois à Paris, à la Société nationale de musique, le 26 avril 1901, avec pour soliste Pablo Casals; le compositeur était au pupitre.

Il existe plusieurs versions de la *Sicilienne*. Composée en 1893 pour une musique de scène destinée à une production du *Bourgeois gentilhomme* de Molière, elle ne fut jamais jouée sous cette forme, car le théâtre fit faillite. Fauré l'intégra en avril 1898 à la musique de scène qu'il écrivait pour *Pelléas et Mélisande* de Maeterlinck, en guise d'introduction à la scène de la fontaine, où Mélisande perd sa bague. A la même époque, il réalisa la présente transcription pour le violoncelliste Joseph Hollmann, bien que le dédicataire en soit le violoncelliste anglais William Henry Squire. L'œuvre fut publiée à Paris et Londres, avec une partie de remplacement pour violon dont Fauré n'est probablement pas l'auteur.

Les violoncellistes noteront avec quel soin, dans l'une et l'autre pièce, Fauré a indiqué le phrasé, pour ce qui est des coups d'archet, un aspect jusqu'alors voilé par l'imprécision des premières éditions. Ce phrasé accentue tout particulièrement le caractère dansant de la *Sicilienne*. A leur tour, les pianistes pourront noter que les notes d'ornement de la basse, aux mesures 44 à 60 de la *Sicilienne*, ne furent ajoutées qu'au moment de la publication, probablement pour fournir un soutien de basse dans la version pour violon. Il est donc concevable de les omettre de la version pour violoncelle, encore que les resultats puissent varier selon les instruments et l'acoustique.

Methode éditoriale

Les présentes éditions sont fondées sur les versions pour violoncelle et piano de Fauré; seules les corrections essentielles sont reprises à d'autres versions. Les variantes provenant de ces autres versions sont indiquées ci-dessous uniquement quand nous les avons adoptées dans le texte, ou en cas de doute ou d'intérêt particulier. Par exemple, certaines indications qui figurent dans la partition d'orchestre de l'*Elégie* donnent, bien qu'on ne puisse les transférer directement à la partie de piano, des idées intéressantes pour l'exécution: voir notamment le commentaire critique relatif aux mesures 34 à 36. L'autographe orchestral aide aussi à surmonter certaines incertitudes concernant le placement approximatif des nuances en soufflet dans les premières éditions imprimées. On a placé entre crochets les accidents, silences, nuances, articulations et autres indications analogues ajoutés par l'éditeur. Les liaisons et tenues proposées par l'éditeur sont notées ⌒. Les accidents de précaution qui se trouvaient dans les sources ont été reprises dans les passages parallèles. Le groupement des notes a été parfois modifié, conformément aux conventions actuelles, dans un souci de clarté, surtout dans l'*Elégie* où ♩♩♩♩♩♩ et ♩♩♩♩♩♩ ont été respectivement rendus par ♩♩♩♩♩♩ et ♩♩♩♩♩♩

Remerciements

Nous tenons à remercier Jean-Michel Nectoux, le professeur Robert Orledge, J. Rigbie Turner, Hugh Cobbe, Tina Jones des Editions Peters, le personnel de la Bibliothèque nationale, Paris, et de la British Library de Londres pour leur cordiale assistance.

Roy Howat
1994

---

[1] Voir Jean-Michel Nectoux: *Gabriel Fauré: Les voix du clair-obscur* (Paris, 1990) p.114 et préface à la partition d'orchestre Eulenburg de l'*Elégie*, ed. Robert Orledge (Londres, 1981).

[2] Voir Nectoux: *op. cit.*, p.507.

VORWORT

Fauré komponierte die *Elégie* für Violoncello und Klavier 1880, möglicherweise als Teil einer Sonate die nie fertiggestellt wurde.[1] Die erste öffentliche Aufführung fand am 15. Dezember 1883 in einem Konzert der *Société nationale de musique* in Paris statt; die Ausführenden waren der Widmungsträger Jules Loëb und der Komponist. Der Erfolg war so groß, daß Fauré das Stück 1895 auf Wunsch des Dirigenten Edouard Colonne orchestrierte.[2] Diese Fassung wurde erstmals am 26. April 1901 in Paris an der *Société nationale de musique* mit Pablo Casals als Solisten und unter Leitung des Komponisten aufgeführt.

Auch von Faurés *Sicilienne* gibt es verschiedene Fassungen. Das Werk wurde 1893 als Teil einer Bühnenmusik für Molières *Le Bourgeois gentilhomme* komponiert, konnte aber, bedingt durch den wirtschaftlichen Zusammenbruch des Theaters, nicht in dieser Form aufgeführt werden. Im April 1898 nahm es Fauré in seine Bühnenmusik für Maeterlincks *Pelléas et Mélisande* als Einleitung zu der Brunnenszene, in der Mélisande ihren Ring verliert, auf. Zur gleichen Zeit fertigte Fauré für den Cellisten Joseph Hollmann die vorliegende Transkription des Werks an, das selbst aber dem englischen Cellisten William Henry Squire gewidmet ist. Diese Fassung erschien sowohl in Paris als auch in London im Druck, versehen mit einer alternativen Stimme für Violine, die wahrscheinlich nicht von Fauré stammt.

Cellisten werden in beiden Stücken feststellen, wie akribisch Fauré die Phrasierung im Hinblick auf der Bogenführung setzt; dieser Zusammenhang war aufgrund der Ungenauigkeit der früheren Ausgaben bislang nicht ersichtlich. Seine Phrasierung in der *Sicilienne* hebt besonders ihren tanzartigen Charakter hervor. Pianisten mögen bemerken, daß die Verzierungsnoten im Baß in den Takten 44-60 der *Sicilienne* erst unmittelbar vor der Drucklegung hinzugefügt wurden, wahrscheinlich zur Unterstützung des Basses in der Violinfassung. Es wäre daher möglich, sie in der Cellofassung wegzulassen, obwohl die Ergebnisse mit verschiedenen Instrumenten und anderer Akustik unterschiedlich sein können.

Vorgehensweise des Herausgebers

Die vorliegende Ausgabe beider Werke beruht auf Faurés Fassungen für Cello und Klavier; nur wesentliche Korrekturen wurden anderen Fassungen entnommen, Varianten nur aufgeführt, wenn sie in den Notentext übernommen wurden oder in Zweifelsfällen von besonderem Interesse sind. Einige Hinweise in der Orchesterpartitur der *Elégie* vermitteln zum Beispiel — obwohl sie sich nicht direkt auf den Klavierpart übertragen lassen — wertvolle Einsichten bezüglich der Aufführung (vgl. hierzu besonders den kritischen Kommentar zu den Takten 34-36). Mit Hilfe der autographen Orchesterpartitur konnten in den ersten Ausgaben willkürlich gesetzte *cresc.*- und *dim.*-Zeichen eliminiert werden. Eckige Klammern wurden dazu verwendet, vom Herausgeber hinzugefügte Vorzeichen, Pausen oder Zeichen zu Dynamik, Artikulation u.ä. zu kennzeichnen. Zusätzliche Legato- und Bindebögen der Redaktion sind durch ⌒ markiert. Sicherheitsvorzeichen, die in den Quellen enthalten sind, wurden auch hier bei Parallelstellen gesetzt. Die Verbindungen mit Querbalken wurden gelegentlich verändert und modernen Notationsweisen angeglichen; so werden insbesondere ♩♩♩♩♩♩ und ♩♩♩♩♩♩ in den Quellen zur *Elégie* hier als ♩♩♩♩♩♩ beziehungsweise ♩♩♩♩♩♩ wiedergegeben.

Danksagungen

Ich bin Jean-Michel Nectoux, Professor Robert Orledge, J. Rigbie Turner, Hugh Cobbe, Tina Jones von Edition Peters sowie dem Musikpersonal der Bibliothèque nationale in Paris und der British Library in London für ihre freundliche Hilfe dankbar.

Roy Howat
1994

---

[1] Vgl. Jean-Michel Nectoux: *Gabriel Fauré: les voix du clair-obscur* (Paris 1990), S.114 und Vorwort zur Eulenburg Orchesterpartitur der *Elégie*, Hg. Robert Orledge (London 1981).

[2] Vgl. Nectoux: *op. cit.*, S. 507.

Elégie Op. 24

A Monsieur Jules Loëb

Gabriel Fauré
(1845–1924)

[1] See Critical Commentary Voir Commentaire Critique Vgl. Kritischer Kommentar

Sicilienne Op. 78

To Monsieur W. H. Squire

Violoncello

Gabriel Fauré
(1845–1924)

Elégie Op. 24

A Monsieur Jules Loëb

Violoncello

Gabriel Fauré
(1845–1924)

1) See Critical Commentary   Voir Commentaire Critique   Vgl. Kritischer Kommentar

Edition Peters 7385

© 1994 by Peters Edition Ltd, London

Sicilienne Op. 78

To Monsieur W. H. Squire

[1] See Preface regarding the grace notes in bars 44–60
Voir Préface concernant les notes d'agrément dans les mesures 44–60
Vgl. Vorwort bezüglich der Verzierungsnoten in den Takten 44–60

CRITICAL COMMENTARY

Elégie

Sources: Autograph untraceable
- **H** — first edition for violoncello and piano, score and part, J. Hamelle (J.2009 H.), (Paris, 1883)
- **OA** — autograph full score for solo violoncello and orchestra (working copy), Bibliothèque Nationale, Paris, Ms 17751. Undated, in black ink with numerous pencilled emendations, not all by Fauré
- **OH** — first edition for solo violoncello and orchestra, full score, J. Hamelle (J.4718 H.), (Paris, 1901)

Bar 1, Metronome marking present only in **OH**, which adds underneath, *"Battez la croche"* (beat in quavers)

Bar 10, Vc. **OH** centres ⟨⟩ around last *g* not *ab*

Bar 12, Vc. **H** superfluous ⟨ across beats 1–2, probably confusion with Pf part

Bar 13, Vc. **H** begins ⟩ only from *bb* (from *c'* in Vc part); cf. Pf, corroborated by Vc line in **OA**, **OH**

Bar 15, Vc. Accent in **OH** only, not in other sources

Bar 15, Pf. Beats 3 and 4: **OA**, **OH** confirm ♮ to *g'* and *g*, omitted in **H**

Bars 16–17, Pf. LH: 𝄽 and – from **OH**, absent in **H**. **OA**, **OH** give bass as four octave unison *G*, tutti strings:

[music example]
f

Bar 25, Pf. **OH**: ⟨⟩ centred around beat 2 instead of beat 3 (**OA** omits it); cf. following bars and note to bar 31

Bar 26, Pf. 1st staccato dot to each RH sextuplet group absent in **H**, present in **OH**

Bar 28–29, Pf. **H**: ⟨ in bar 28 beat 4 and ⟨⟩ in bar 29 beat 2, probably engraver's error. **OA** omits all dynamics in these bars. **OH**: ⟨⟩ in bar 28 beats 2 and 4 and bar 29 beat 2

Bar 30, Vc. 1st slur in **OH** only

Bar 31, Vc. **H**, **OH**: ⟨⟩ in beats 1–2 only, in **H** centred on *d'♮*, in **OH** on *d'♭*. **OA** omits hairpin altogether, while transcription for violin and piano issued by Hamelle in 1897 centres hairpin towards end of beat 3. Bowing from bar 30 and centre of hairpin in bar 25 both support present reading

Bar 33, Vc. Present edition follows phrasing in **OA**, rather than **H** and **OH** which phrase beats 2 and 3 as in previous bar, resulting in up-bow at bar 34. **H** also ends system after beat 2, erroneously adding barline in all parts

Bar 34, Pf. **OH**: ⟨ on beats 1 and 3, with accent (also in **OA**) on beats 2 and 4

Bars 35, 36, Pf. **OA**, **OH**: beat 3 given as semiquaver chord (marked *"sec"* in **OH**)

Bar 37, Vc. **OH**: single slur in beat 2; **OA** corroborates **H**

Bar 37, Pf. **OA**, **OH**: beat 4 has ♭ to RH *e'* and *e"*, omitted in **H**

Bar 38, Pf. **H**: *"Ped"* on the beat. Repositioned editorially under grace note

Bar 38, all. **OA**, **OH**: *rit.* (without *poco*) from quaver 6

Bar 46, Pf. **H**: staccato dot on RH *f"* at end of tie

Bar 47, Vc. **OA** begins beat 2 slur between *c'* and *bb*; **H**, **OH** print it from *bb*; cf. following bars. **H**, **OH** print ⟨⟩ centred on beat 4, not beat 3 as in **OA**

Sicilienne

Sources: A — autograph score for violoncello and piano, private collection, USA. The title page carries the dedication "To [*sic*] Mons. W. H. Squire", and the last page is signed and dated "Paris/16 avril 1898". The initial tempo heading and some of the dynamic indications are absent
- **H** — edition for violoncello or violin and piano, score and parts, J. Hamelle (J.4288.H.), (Paris, 1898)
- **M** — edition for violoncello or violin and piano, score and parts, Metzler & Co. (M.8017), (London, [1898])

From comparison of sources it seems that **M** may have been engraved from **H** or a proof of **H**. The autograph shows no engraver's marks: either these were later removed or another copy was made for engraving. Each edition has various minor omissions of articulation and dynamics, not mentioned here provided other sources concur.

Three other versions of the *Sicilienne* exist: an early autograph for flute, oboe and string quartet, omitting bars 41–76 (Bibliothèque Nationale, Paris, Ms 17778); a complete autograph in short score, dated March 1893 (Bibliothèque Nationale, Paris, Ms 17779); and the full score of 1898 used in *Pelléas et Mélisande*, orchestrated by Charles Koechlin (published by Hamelle, 1909). Since these give entirely different phrasing, textures and articulation, they have not been used as sources.

Bar 3, 4, 7, 8, 18, 27, 29 and sim., Vc. Present edition follows phrasing in **A** which is consistent throughout; **H**, **M** have [slur figure] in first half of bars 3, 4, 27, 29 and similar bars, and in second half of bars 18 and similar, except bars 65 and 75 where scores of **H**, **M** follow **A**, and bar 35 where score of **H** follows **A**. (Separate parts slur to quaver 3 except **M**, bar 75)

Bars 8, 16, 40, 76, Pf. **A** gives RH *bb* and *c'* as crotchets

Bar 18: see note to bar 3

Bars 19, 23, Vc. **H**: violin part gives accidentals as in bar 21, not in other sources

Bars 24–25, Pf. RH: phrasing as in **A**; **M** omits upper slur but prints one under bar 25, beat 1; **H** prints both

Bar 25, Vc. **A**: slur ends shakily above note 2, pointing to note 3, cf bar 21

Bars 26, 28, 30, 32, 64, 66, Pf. **A** gives RH as in bar 62; the 1893 autograph short score additionally specifies *p* on beat 2 in each bar

Bars 27, 29: see note to bar 3

Bar 40: see note to bar 8

Bar 43–44, Vc. A:

Bars 44–60, Pf. Bass grace notes present in **H, M**, absent in **A**
Bar 47, Pf. **A** gives beat 1 *b, g′* as dotted crotchets, omitting subsequent quavers *g, b*
Bar 48, Pf. **H, M** end RH slur at last note of bar 47; **A** continues it past bar 47 at end of page, without completing it in bar 48
Bar 53, Pf. **H** prints final LH tie as slur to lowermost voice
Bar 55, Pf. **A, H** begin RH slur just before *d‴*; in **A** the *"dolce"* of *"sempre dolce"* lies immediately above *e″*, leaving no space for slur. **H, M** assign *"sempre dolce"* to cello instead of piano
Bars 58, 60 all. **H, M** print accent above piano RH instead of below cello, and omit *mf* in bar 58
Bars 59–60, Pf. RH phrasing as in **A**; **H, M** print one slur across bars 58–61
Bars 64, 66: see note to bar 26
Bars 67–69, all. **A**: as bars 31–33
Bar 67, Pf. ♮ to RH *e″* in **M**, absent in **H**
Bar 69, Pf. RH: **H, M** stem *g′* to *b′*, omitting downwards stem. Vc: *"con sordina"* in **H, M** only
Bar 73, Pf. Crotchet stem and augmentation dot to *D* editorial: cf. bars 5, 37
Bar 75, Pf. RH: Slur as in **A**; **H, M** have slur from first note of bar 76
Bar 76: see note to bar 8
Bar 80, Pf. **A** includes RH dotted crotchet *f′♯* on beat 2

Roy Howat
1994

COMMENTAIRE CRITIQUE

Elégie

Sources: L'autographe n'a pu être retrouvé
H — première edition pour violoncelle et piano, partition et partie, J. Hamelle (J.2009 H.), (Paris, 1883)
OA — partition d'orchestre autographe, pour violoncelle et orchestre (exemplaire de travail), Bibliothèque nationale, Paris, Ms 17751. Sans date, à l'encre noire avec de nombreuses corrections au crayon, qui ne sont pas toutes de Fauré
OH — première édition pour violoncelle et orchestre, partition d'orchestre, J. Hamelle (J.4718 H.), (Paris, 1901)

Mesure 1, Vc. Mouvement métronomique uniquement dans **OH**, avec la souscription «*Battez la croche*»
Mesure 10, Vc. ⟨⟩ centré sur le dernier *sol*^{2}, non le *la*♭^{2}, dans **OH**
Mesure 12, Vc. **H**, ⟨ superflu sur les deux premiers temps, probablement par confusion avec la partie de piano
Mesure 13, Vc. **H**, ⟩ commence seulement à partir du *si*♭^{2} (du *do*^{3} dans la partie de Vc); voir Pf, confirmé par la ligne de Vc dans **OA, OH**
Mesure 15, Vc. Accent dans **OH** seulement, non dans les autres sources
Mesure 15, Pf. 3e et 4e temps: **OA, OH,** ♮ confirmé pour le *sol*^{3} et le *sol*^{2}, omis dans **H**
Mesures 16–17, Pf. m.g.: 𝄽 et ▬ dans **OH**, non dans **H**. **OA, OH** donnent comme basse *sol* à l'unisson sur 4 octaves, cordes tutti:

Mesure 25, Pf. **OH**: ⟨⟩ centré sur le 2e temps au lieu de 3e (omis dans **OA**); voir les mesures suivantes et la note relative à la mesure 31
Mesure 26, Pf. Premier point de staccato à chaque sextuplet de la m.d. absent dans **H**, présent dans **OH**
Mesures 28–29, Pf. **H**: ⟨ au 4e temps de la mesure 28 et ⟨⟩ au 2e temps de la mesure 29, probablement une faute du graveur. **OA**: omet toutes les nuances dans ces mesures. **OH**: ⟨⟩ aux 2e et 4e temps de la mesure 28 et au 2e temps de la mesure 29
Mesure 30, Vc. Première liaison dans **OH** seulement
Mesure 31, Vc. **H, OH**: ⟨⟩ aux deux premiers temps seulement, le sommet est dans **H** sur le *ré*♮^{3} et dans **OH** sur le *ré*♭^{3}. Dans **OA** ce signe est simplement omis, alors que dans la transcription pour violon et piano publiée par Hamelle en 1897, il est centré vers la fin du 3e temps. Les coups d'archet de la mesure 30 et le sommet du ⟨⟩ dans la mesure 25 confirment la version ici adoptée
Mesure 33, Vc. La présente édition adopte le phrasé de **OA** plutôt que celui de **H** et de **OH** où les 2e et 3e temps sont phrasés comme dans la mesure précédente, ce qui donne un poussé à la mesure 34. **H** termine aussi le système après le 2e temps et ajoute par erreur une barre de mesure dans toutes les parties
Mesure 34, Pf. **OH**: ⟨ sur les 1er et 3e temps, avec un accent (également dans **OA**) sur les 2e et 4e temps
Mesures 35, 36, Pf. **OA, OH**: accord de double-croches au 3e temps (marqué «*sec*» dans **OH**)
Mesure 37, Vc. **OH**: une seule liaison au 2e temps; **OA** confirme **H**
Mesure 37, Pf. **OA, OH**: 4e temps, ♭ aux *mi*^{3} et *mi*^{4} de la m.d., omis dans **H**
Mesure 38, Pf. **H**: «*Péd*» sur le temps. Nous l'avons placé sous la note d'ornement
Mesure 38, toutes parties, **OA, OH**: *rit.* (sans *poco*) à partir de la 6e croche
Mesure 46, Pf. **H**: point de staccato sur le *fa*^{4} de la m.d. à la fin de la liaison
Mesure 47, Vc. **OA**: la liaison sur le 2e temps commence entre le *do*^{3} et le *si*♭^{2}; **H, OH**: à partir du *si*♭^{2}; voir les mesures suivantes. **H, OH**: ⟨⟩ centré sur le 4e temps et non sur le 3e comme dans **OA**

Sicilienne

Sources: A — Partition autographe pour violoncelle et piano, collection particulière, Etats-Unis. La page de titre porte la dédicace suivante: «To [*sic*] Mons. W.H. Squire», et la dernière page est signée et datée: «Paris/16 avril 1898». Sont absentes l'indication initiale de tempo et certaines des nuances.

H — Edition pour violoncelle ou violon et piano, partition et parties, J. Hamelle (J.4288.H), (Paris, 1898).

M — Edition pour violoncelle ou violon et piano, partition et parties, Metzler & Co. (M.8017), (Londres, [1898]).

La comparaison des sources semble montrer que **M** pourrait avoir été gravé à partir de **H** ou d'une épreuve de **H**. On ne trouve pas de marques du graveur sur l'autographe: ou bien elles ont été retirées après usage ou bien le graveur a utilisé une copie. Chacune des éditions présente diverses omissions mineures d'articulation et de nuances, qui ne sont pas relevées ici dès lors que plusieurs sources concordent.

Il existe trois autres versions de la *Sicilienne*: un autographe ancien pour flûte, hautbois et quatuor à cordes, omettant les mesures 41-76 (Bibliothèque nationale, Paris, Ms 17778); un autographe particelle, datée de mars 1893 (Bibliothèque nationale, Paris, Ms 17779); et la partition d'orchestre de 1898, utilisée pour *Pelléas et Mélisande*, orchestrée par Charles Koechlin (publiée par Hamelle, 1909). Etant donné que ces versions comportent des phrasés, textures et articulations complètement différents, elles n'ont pas été utilisées comme sources pour l'établissement de notre édition.

Mesures 3, 4, 7, 8, 18, 27, 29 et sim., Vc. La présente édition suit phrasé de **A** qui est de bout en bout cohérent; **H, M** donnent ♩♩♩ dans la première moitié des mesures 3, 4, 27, 29 et les mesures similaires, et dans la seconde moitié des mesures 18 et similaires, à l'exception des mesures 65 et 75, où les partitions de **H** et de **M** suivent **A**, et de la mesure 35 où la partition de **H** suit **A**. (Dans les parties séparées, les liaisons continuent jusqu'à la 3e croche, sauf dans **M**, mesure 75)

Mesures 8, 16, 40, 76, Pf. Dans **A**, le $si\flat^2$ et le do^3 à la m.d. sont des noires

Mesures 19, 23, Vc. **H**: dans la partie de violon, les altérations sont les mêmes que celles de la mesure 21, mais non dans les autres sources

Mesures 24-25, Pf. Phrasé de la m.d. comme dans **A**; **M** omet la liaison supérieure mais en place une sous la mesure 25 au 1er temps. **H** imprime l'une et l'autre

Mesure 25, Vc. **A**: la liaison se termine d'une façon indécise au dessus de la 2e note, se dirigeant vers la 3e; voir mesure 21

Mesures 26, 28, 30, 32, 64, 66, Pf. **A**: m.d. comme à la mesure 62. La particelle autographe de 1893 précise en outre *p* sur le 2e temps de chaque mesure

Mesures 27, 29: voir note relative à la mesure 3

Mesure 40: voir note relative à la mesure 8

Mesure 43, Vc. **A**: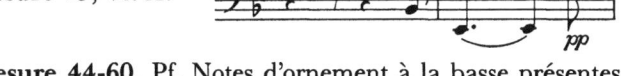

Mesure 44-60, Pf. Notes d'ornement à la basse présentes dans **H** et **M**, absentes dans **A**

Mesure 47, Pf. **A**: 1er temps si^2 et sol^3 noires pointées; croches suivantes sol^2 et si^2 omises

Mesure 48, Pf. **H, M**: la liaison à la m.d. se termine à la dernière note de la mesure 47. **A**: la liaison déborde de la mesure 47, à la fin de la page, sans être achevée dans la mesure 48

Mesure 53, Pf. **H**: tenue finale de m.g. comme une liaison dans la partie la plus grave

Mesure 55, Pf. **A, H**: la liaison de m.d. commence juste avant le $ré^5$; dans **A**, le «*dolce*» du «*sempre dolce*» se trouve juste au-dessus du mi^4, en sorte qu'il n'y a pas de place pour la liaison. **H, M**: le «*sempre dolce*» est attribué au violoncelle, et non au piano

Mesures 58, 60, toutes parties. **H, M**: accent imprimé au-dessus de la m.d. du piano et non au-dessous de la ligne de violoncelle; *mf* omis mesure 58

Mesures 59-60, Pf. Phrasé de m.d. comme dans **A**. **H, M**: une seule liaison mesures 58 à 61

Mesures 64, 66: voir note relative à la mesure 26

Mesure 67, Pf. ♮ au mi^4 à la m.d. présent dans **M**; absent dans **H**

Mesures 67-69, toutes parties. **A**: comme aux mesures 31-33

Mesure 69, Pf. **H, M**: une seule hampe pour le sol^3 et $si\flat^3$ à la m.d., la hampe descendante étant omise. Vc: «*con sordino*» uniquement dans **H, M**

Mesure 73, Pf. Hampe de noire et point d'augmentation ajoutés au $ré^1$ par la présente édition; voir mesures 5, 37

Mesure 75, Pf. m.d.: liaison comme dans **A**. **H, M** ont une liaison à partir de la première note de la mesure 76

Mesure 80, Pf. **A**: au 2e temps, $fa\sharp^3$ noire pointée à la m.d.

Roy Howat
1994

KRITISCHER KOMMENTAR

Elégie

Quellen: Autograph unauffindbar

H — erste Ausgabe für Violoncello und Klavier, Partitur und Stimme, J. Hamelle (J.2009 H.), Paris 1883.

OA — Autograph der vollständigen Partitur für Solovioloncello und Orchester (Arbeitsexemplar), Bibliothèque nationale, Paris, Ms 177751. Undatiert, mit schwarzer Tinte und zahlreichen Verbesserungen mit Bleistift, nicht alle von Fauré.

OH — erste Ausgabe für Solovioloncello und Orchester, vollständige Partitur, J. Hamelle (J.4718 H.), Paris 1901.

Takt 1, Vcl: Metronomangabe nur in **OH** vorhanden, darunter der Angabe «Battez la croche» (Achtel schlagen).

Takt 10, Vcl: in **OH** ⟨⟩ um letztes *g*, nicht um *as* zentriert.

Takt 12, Vcl: in **H** überflüssiges ⟨ über 1.-2. Schlägen, wahrscheinlich wegen Kl-Stimme.

Takt 13, Vcl: in **H** fängt ⟩ erst bei *b* an (ab *c'* im Vcl-Part); vgl. Kl, bekräftigt durch Vcl-Stimme in **OA**, **OH**.

Takt 15, Vcl: Betonung nur in **OH**, nicht in anderen Quellen.

Takt 15, Kl: 3. und 4. Schläge: in **OA**, **OH** ♮ zu *g'* und *g*, nicht in **H**.

Takte 16-17, Kl, L.H.: ♩ und ▬ aus **OH**, fehlen in **H**. **OA**, **OH** geben Baß mit vier Oktaven einstimniger *G* an, Streichertutti:

Takt 25, Kl: in **OH** ⟨⟩ um 2. Schlag anstelle von 3. Schlag zentriert (weggelassen in **OA**); vgl. folgende Takte und Anmerkung zu Takt 31.

Takt 26, Kl, R.H.: erster Stakkatopunkt zu jeder Sextolengruppe fehlt in **H**, vorhanden in **OH**.

Takte 28-29, Kl: **H**: ⟨ in Takt 28, 4. Schlag, und ⟨⟩ in Takt 29, 2. Schlag, vermutlich Fehler des Notenstechers. In **OA** fehlen in diesen Takten alle Dynamikzeichen. **OH**: ⟨⟩ in Takt 28, 2. und 4. Schläge, und Takt 29, 2. Schlag.

Takt 30, Vcl: erster Legatobogen nur in **OH**.

Takt 31, Vcl: **H**, **OH**: ⟨⟩ nur bei 1. und 2. Schlägen, in **H** um *d'* zentriert, in **OH** um *des'*. In **OA** fehlen dynamische Zeichen ganz, während die Transkription für Violine und Klavier, herausgegeben von Hamelle 1897, das dynamische Zeichen um das Ende von 3. Schlag zentriert. Bogenführung ab Takt 30 und das Zentrum des dynamischen Zeichens in Takt 25 unterstützen die vorliegende Lesart.

Takt 33, Vcl: die vorliegende Ausgabe folgt der Phrasierung in **OA** anstatt der in **H** und **OH**, in denen 2. und 3. Schläge wie im vorhergehenden Takt phrasiert sind, was zu einem Aufstrich in Takt 34 führt. In **H** endet das System nach 2. Schlag, fälschlicherweise mit Taktstrich in allen Systemen.

Takt 34, Kl: **OH**: ⟨ auf 1. und 3. Schlägen, Betonung (auch in **OA**) auf 2. und 4. Schlägen.

Takte 35, 36, Kl: **OA**, **OH**: 3. Schlag wird als Sechzehntelakkord angegeben (in **OH** als «*sec*» markiert).

Takt 37, Vcl: einzelner Legatobogen auf 2. Schlag; **OA** bekräftigt **H**.

Takt 37, Kl, R.H.: **OA**, **OH**: 4. Schlag hat ♭ vor *e'* und *e''*, weggelassen in **H**.

Takt 38, Kl: **H**: «Ped» auf dem Schlag. Vom Herausgeber unter die Verzierungsnote gesetzt.

Takt 38, alle: **OA**, **OH**: *rit.* (ohne *poco*) ab 6. Achtel.

Takt 46, Kl, R.H.: **H**: Stakkatopunkt auf *f''* am Ende des Bindebogens.

Takt 47, Vcl: in **OA** beginnt Legatobogen auf 2. Schlag zwischen *c'* und *b*, in **H**, **OH** ab *b*; vgl. folgende Takte. **H**, **OH**: ⟨⟩ um 4. Schlag zentriert, nicht um 3. Schlag wie in **OA**.

Sicilienne

Quellen: A — Autographe Partitur für Violoncello und Klavier, Privatsammlung, USA. Die Titelseite trägt die Widmung «To [*sic*] Mons. W.H. Squire», und die letzte Seite ist unterzeichnet und datiert «Paris/16 avril 1898». Die ursprüngliche Tempoangabe und einige dynamische Bezeichnungen fehlen.

H — Ausgabe für Violoncello oder Violine und Klavier, Partitur und Stimmen, J. Hamelle (J.4288. H.), Paris 1898.

M — Ausgabe für Violoncello oder Violine und Klavier, Partitur und Stimmen, Metzler & Co. (M.8017), London [1898].

Aus einem Vergleich der Quellen ergibt sich, da **M** von **H** oder einem Abzug von **H** gestochen worden sein mag. Das Autograph weist keine Zeichen des Notenstechers auf: entweder wurden diese später entfernt oder ein anderes Exemplar für das Stechen verwendet. Jede Ausgabe hat verschiedene kleinere Auslassungen hinsichtlich Artikulation und Dynamik; diese werden hier nicht erwähnt, vorausgesetzt, daß andere Quellen übereinstimmen.

Es gibt drei weitere Fassungen der *Sicilienne*: ein frühes Autograph für Flöte, Oboe und Streichquartett, in dem Takte 41-76 fehlen (Bibliothèque nationale, Paris, Ms 17778), ein handschriftliches Particell, datiert März 1893 (Bibliothèque nationale, Paris, Ms 17779), sowie die vollständige Partitur von 1898, die in *Pelléas et Mélisande* verwendet wurde, orchestriert von Charles Koechlin (veröffentlicht von Hamelle, 1909). Da Phrasierung, Texturen und Artikulation in diesen Fassungen ganz verschieden sind, wurden sie nicht als Quellen benutzt.

Takte 3, 4, 7, 8, 18, 27, 29 u.ä., Vcl: die vorliegende Ausgabe folgt der Phrasierung in **A**, die durchgehend konsequent ist; **H**, **M** haben ♪♪ in der ersten Hälfte der Takte 3, 4, 27, 29 und ähnlichen sowie und in der zweiten Hälfte von Takt 18 u.ä. mit Ausnahme der Takte 65 und 75, wo **H** und **M** Partitur **A** folgen, und des Taktes 35, wo **H** Partitur **A** folgt. (Separate Stimmen binden auf 3. Viertel mit Ausnahme von **M**, Takt 75).

Takte 8, 16, 40, 76, Kl, R.H.: **A** enthält *b* und *c'* als Viertel.
Takt 18: vgl. Anmerkungen zu Takt 3.
Takt 19, 23, Vcl: **H**: im Violinpart gleiche Vorzeichen wie in Takt 21, nicht so in anderen Quellen.
Takte 24–25, Kl, R.H.: Phrasierung wie in **A**; in **M** fehlen obere Legatobogen, jedoch Legatobogen unter Takt 25, 1. Schlag; **H** druckt beide.
Takt 25, Vcl: **A**: Legatobogen endet zittrig über 2. Note, und deutet auf 3. Note, vgl. Takt 21.
Takte 26, 28, 30, 32, 64, 66, Kl: **A** gibt R.H. wie in Takt 62 an; im handschriftlichen Particell des Autographs von 1893 steht zusätzlich *p* in jedem Takt auf 2. Schlag.
Takte 27–29: vgl. Anmerkungen zu Takt 3.
Takt 40: vgl. Anmerkungen zu Takt 8.
Takt 43–44, Vcl: **A**:

Takte 44–60, Kl: Verzierungsnoten im Baß kommen in **H** und **M** vor und fehlen in **A**.
Takt 47, Kl: **A** gibt 1. Schlag, *h*, *g'* als punkierte Viertel wieder; die folgenden Achtel *g*, *h* fehlen.
Takt 48, Kl, R.H.: in **H**, **M** enden Phrasierungsbogen bei der letzten Note von Takt 47; in **A** über Takt 47 hinaus bis zum Ende der Seite weitergeführt, ohne in Takt 48 zu enden.

Takt 53, Kl, L.H.: in **H** letzte Bindebogen als Legatobogen zur untersten Stimme.
Takt 55, Kl: in **A**, **H** fangen Phrasierungsbogen in der R.H. kurz vor *d'''* an; in **A** steht das «*dolce*» von «*sempre dolce*» genau über *e''* und läßt keinen Platz für einen Phrasierungsbogen. **H**, **M** weisen das «*sempre dolce*» dem Cello anstelle des Klaviers zu.
Takte 58, 60, alle: in **H**, **M** steht Akzentzeichen nicht unter Vcl, sondern über Kl, R.H. *mf* in Takt 58 fehlt.
Takte 59–60, Kl, R.H.: Phrasierung wie in **A**; in **H**, **M** Phrasierungsbogen über Takten 58–61.
Takte 64, 66: vgl. Anmerkungen zu Takt 26.
Takt 67, Kl, R.H.: ♮ vor *e''* in **M**, fehlt in **H**.
Takte 67–69, alle: **A**: wie Takte 31–33.
Takte 69, Kl, R.H.: **H**, **M** befestigen *g'* an *b'*; den Hals nach unten fehlen. Vcl: «*con sordina*» nur in **H**, **M**.
Takte 73, Kl: Viertelhals und Punktierung zu *D* vom Herausgeber; vgl. Takte 5, 37.
Takt 75, Kl, R.H.: Legatobogen wie in **A**; in **H**, **M** beginnen Legatobogen bei der ersten Note in Takt 76.
Takt 76: vgl. Anmerkungen zu Takt 8.
Takt 80, Kl, R.H.: **A** punktiertes Viertel *fis'* auf 2. Schlag.

Roy Howat
1994